酒都瑰宝
Treasures of the Capital of Liquor
宜宾市不可移动文物精粹
The Best Immovable Cultural Relics of Yibin City
宜宾市博物院 编著
酒都瑰寶
文物出版社

图书在版编目（CIP）数据

酒都瑰宝：宜宾市不可移动文物精粹 / 宜宾市博物院编著. -- 北京：文物出版社，2015.5
ISBN 978-7-5010-4245-6

Ⅰ. ①酒… Ⅱ. ①宜… Ⅲ. ①文物－宜宾市－图录 Ⅳ. ①K872.713.2

中国版本图书馆CIP数据核字(2015)第065283号

酒都瑰宝
Treasures of the Capital of Liquor

宜宾市不可移动文物精粹
The Best Immovable Cultural Relics of Yibin City

宜宾市博物院 编著

责任编辑 李缙云
装帧设计 刘 远
责任印制 苏 林

出版发行 文物出版社
地 址 北京市东直门内北小街2号楼
邮 编 100007
网 址 http://www.wenwu.com
E-mail:web@wenwu.com
制版印刷 北京图文天地制版印刷有限公司
开 本 889毫米×1194毫米 1/16
印 张 14
版 次 2015年5月第1版
印 次 2015年5月第1次印刷
书 号 ISBN 978-7-5010-4245-6
定 价 320.00元

酒都瑰宝
Treasures of the Capital of Liquor
编辑委员会

顾　问：崔　陈

主　编：罗培红

编　委：（按姓氏笔画排序）

关　维　陈　丹　陈　杰　周　雯

罗　平　姚　祯　黄乐生　赖西蓉

蔡永旭　颜　灵

摄　影：江　聪

酒都瑰宝

宜宾市不可移动文物精粹

目录 Contents

第三部分 古建筑 062－173

酒都瑰宝

宜宾市不可移动文物精粹

目录 Contents

前言 Preface

◎ 在长江、金沙江、岷江交汇处，有一片广袤神奇的土地，这就是国家历史文化名城宜宾。

◎ 宜宾，山川秀丽，气候宜人，物产富饶。早在石器时代，就有人类活动。屏山县楼东乡叫化岩遗址、石柱地遗址出土的大量器物，表明在5000多年前的新石器时代，我们的祖先，已在这片土地上，创造出了辉煌夺目的史前文明。

◎ 宜宾，地接云贵高原，扼出川之咽喉，有史以来，就是内地通往西南地区的门户。君不见，秦、汉五尺道、南夷道，唐、宋石门道、茶马道，金戈铁马，洪流千里；历代豪杰，留下多少英雄传奇！君不见，山间古道，马帮与日月，交辉相映，丝绸、美酒、茶叶……源源不断的物资、先进的文化与生产技术，从这里，驮向云贵，直至海外异域！而在近、现代，无数的仁人志士，为了民主自由，前赴后继，血洒疆场，写下多少千古绝唱！

◎ 于是，在宜宾1.3万平方公里的土地上，先辈们为我们留下了丰富的文物古迹——崖墓悬棺、古城古镇、寺庙宫观、塔刹牌楼，名人故居、旧址遗迹……它们见证了宜宾5000千多年来的沧桑巨变，是中华民族历史文化遗产的重要组成部分，是宜宾554万各族儿女及其子孙后代，永远也取之不尽、用之不竭的宝贵精神财富。

◎ 今天，我们文博工作者，怀揣着崇高的使命和责任，从宜宾市所辖的翠屏区、南溪区、宜宾县、江安县、长宁县、高县、珙县、筠连县、兴文县、屏山县，保存的6000多处地面文物中，遴选出其中的一部分，编辑成《酒都瑰宝——宜宾市不可移动文物精粹》图录，奉献给社会各界和广大群众。当您翻阅着这一帧帧精美的图页，对祖国历史文化强烈的自豪感与责任感油然而生的时候，那就是我们炽热的期待和真诚的心愿。愿全社会与我们一道携起手来，为保护好宜宾的历史文化遗产，守护好我们的精神家园，建设美丽、富强的宜宾，共同努力！

崔　陈

2015年3月

酒都瑰寳

宜宾市不可移动文物精粹

第一部分

P008-035

古遗址

宜宾现存的历代遗址按类别有城址（包括聚落遗址）、寨址、窑址、窖址和古道遗址等。年代早至新石器时代，晚至明、清。其中屏山县楼东乡叫化岩遗址入选『2009年全国重要考古发现』，石柱地遗址被评为『2011年全国十大考古新发现』。

◎战国铜矛

◎战国土坑墓

01

叫化岩遗址

位于屏山县楼东乡沙坝村，金沙江北岸。发掘出土新石器时期遗迹包括房址、灰坑以及各类遗物共计562件套。遗迹、遗物主要集中在新石器时期、战国、秦汉和明清时期。该遗址入选“2009年全国重要考古发现”。因向家坝水电站库区蓄水，现已被淹没。

◎遗址全貌

◎战国铜、陶器

◎战国铜剑

02

石柱地遗址

位于屏山县楼东乡田坝村。在遗址内共清理新石器时代、商周、战国秦汉、明清各时期遗迹800多个，出土有大量的石器、陶器、铜器、铁器等。该遗址被评为“2011年全国十大考古新发现”。因向家坝水电站库区蓄水，现已被淹没。

◎遗址全貌

◎新石器时代石锛

◎东汉陶灯

◎ 蜀汉石室墓

◎ 战国陶釜甑

◎ 明清道路及房址

◎航拍全景

03 平夷长官司遗址

位于屏山县新安镇新江村，在遗址内发现了大量的元、明、清时期的文化遗存。因向家坝水电站库区蓄水，现已被淹没。

◎ 明代青花瓷盘

◎ 明代青花瓷碗

◎承恩门

04
马湖府城址

原位于屏山县锦屏镇，建于明代隆庆年间（1567 ~ 1572年），清代有培修。现存东门、西门（翙凤门）、小南门、北门（承恩门）、聚福门、水洞门以及城墙，总长600多米，保存基本完整。现为宜宾市文物保护单位。因向家坝水电站库区蓄水，已搬迁至屏山县书楼镇复建。

◎城墙

◎翙凤门

◎ 城门

◎ 石梯道

05 叙州城城墙旧址

位于翠屏区城东，临岷江西岸，叙州城为明代修建，现存城墙分为冠英街段、水东门广场段、滨江路段，总长672米、高约6米。现为宜宾市文物保护单位。

◎城墙

06

五粮液老窖池遗址

由“长发升”及“利川永”老窖池群组成，位于翠屏区城区，建于明、清时期，是我国现存保存最完整的地穴式曲酒发酵窖池群，现仍在生产中国名酒“五粮液”。现为全国重点文物保护单位。

◎『长发升』作坊现状

◎『长发升』作坊匾

◎『利川永』作坊现状

◎ 寨门

◎ 寨墙

07 僰人石寨古堡

位于珙县罗渡苗族乡邓家河畔，与苏麻湾僰人悬棺隔河相望，为宋、明时期生活在这一地区的僰人（都掌蛮）修建，占地20000平方米。现为四川省文物保护单位。

◎ 全景

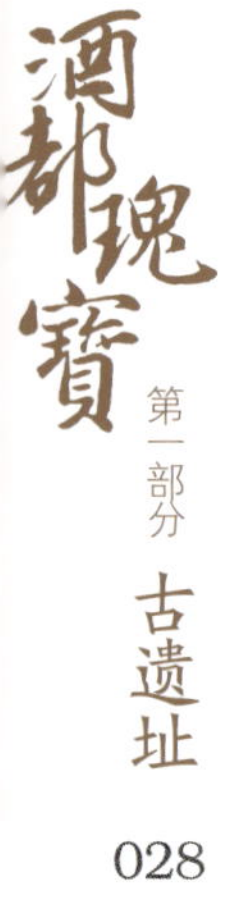

◎ 明代青花瓷盏

08

糟房头酿酒作坊遗址

位于宜宾县喜捷镇红楼梦社区，面积3000多平方米，遗址内出土有明至清代青花瓷器（片），酿酒窖池、石臼、石碾槽等。现为四川省文物保护单位。

◎遗址全貌

◎（头等三百六十斤）石权

◎窖池

◎巡司村古道

09 五尺道筠连段

位于筠连县筠连镇犀牛村、柏杨村及巡司镇巡司村内。秦以来，为宜宾至云南商贸道路。现为四川省文物保护单位。

◎ 犀牛村古道

10

绘博大屯遗址

位于兴文县僰王山镇博望村，分布面积129平方公里，为宋、明时期僰人军事据点，现尚存城墙500米，大小寨门遗迹各一处。

◎ 寨门

◎ 寨墙

◎ 石鼻子（拴船的孔）

◎ 水文标志及警示文字（縣主設渡口界上下舡隻不得跕此）

◎ 码头全貌

11

榨子母码头遗址

位于翠屏区南广镇陈塘关社区，为清代遗址，保存有多处石刻、水文标识、梯步及拴船用的“石鼻子”等。现为宜宾市文物保护单位。

酒都瑰寶

第二部分 P036-061

古墓葬

在宜宾市境内分布广泛，数量较多，形制多样，主要有崖墓、悬棺葬、石室墓、土坑墓、砖室墓等。

现存的崖墓，汉代居多，宋至明代次之，分布在长江、岷江、金沙江及其支流的两岸山峦崖壁上，有单室、双室和多室，大部分刻有仿木建筑图像、神话传说、历史典故、祥禽瑞兽和人物等。

悬棺葬主要集中在珙县、兴文县和筠连县，其中珙县洛表镇麻塘坝和曹营镇苏麻湾悬棺有302具（是目前国内已知数量最多者）。其年代，上限未知，下限止于明代（其族属有二说，一为僰人，一为僚人）。国务院在公布其全国重点文物保护单位时命名为『僰人悬棺』。

◎ 远景

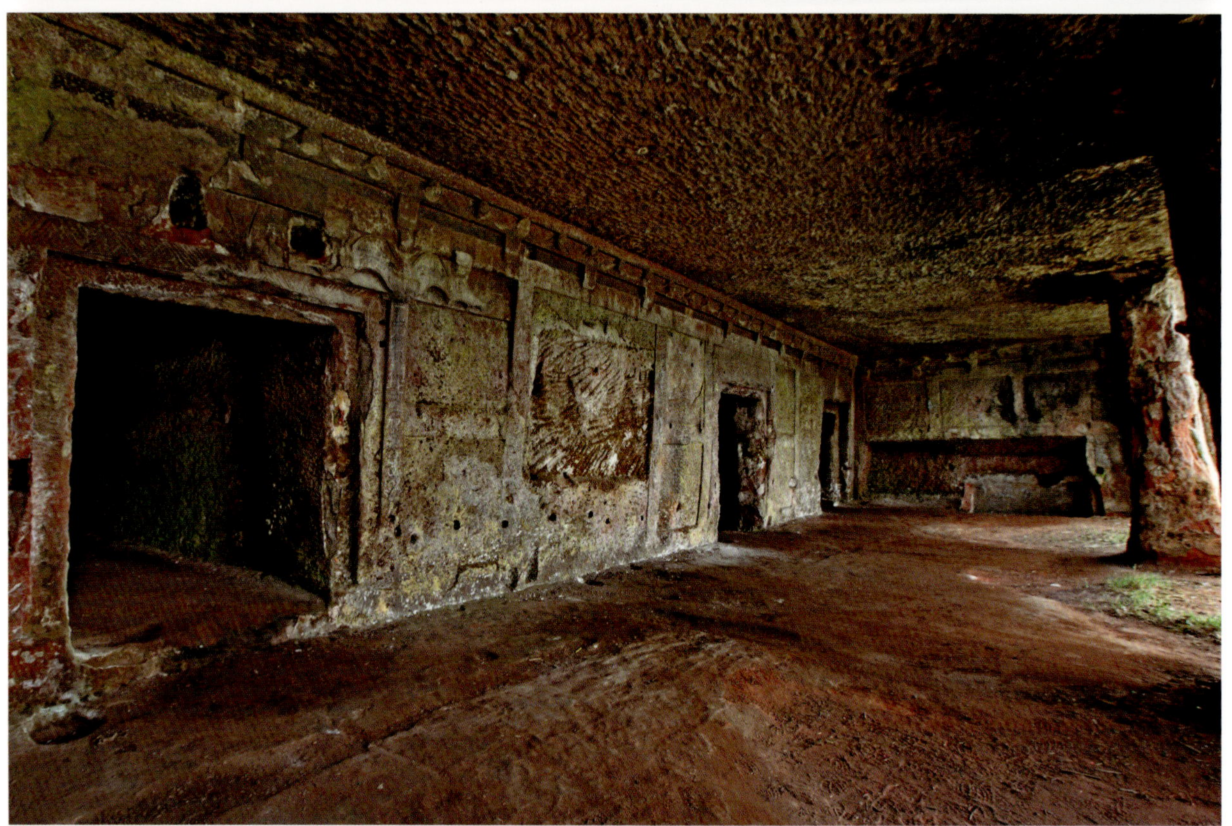

◎ 享堂

01

黄伞崖墓群

位于宜宾县高场镇，汉代凿建，共188座。墓群建造规模宏大，结构复杂，石刻仿木建筑构件图像内容丰富。现为全国重点文物保护单位。

◎墓门雕刻

02
七个洞崖墓群

位于长宁县古河镇，汉代凿建，共28座。其墓门崖壁上刻有大量表现汉代社会生活场景的图像及纪年题记。现为全国重点文物保护单位。

◎远景

◎近景

◎雕刻

◎ 全景

◎ 东汉崖墓

◎ 东汉庖厨俑

03
长顺坡墓地

位于南溪区南溪镇川主村。2012年5月，南溪区滨江新城在修建北环公路时发现该墓地，清理发掘25座墓葬，其中东汉崖墓4座，宋代石室墓8座，明清墓葬13座，出土有完整的汉代陶器、陶俑以及宋代瓷器等共计 44 件。

◎ 天堂沟墓区全景

◎ 近景及雕刻

04

石城山民族崖墓群

系宋至明代少数民族墓葬，共约200多座，分布在宜宾县双龙镇、横江镇和复龙镇境内，分为天堂沟、北斗岩等五个墓区。其墓室内刻有人物、仿木建筑等图案。现为全国重点文物保护单位。

05

僰人悬棺葬（墓）

主要分布在珙县洛表镇麻塘坝的珍珠伞、考鹰岩、九盏灯、白马洞等处和曹营镇苏麻湾峭壁上，年代宋至明代。其形制分为木桩式、洞穴式和岩墩式。悬棺周围，保存有200多幅岩画。现为全国重点文物保护单位。

◎苏麻湾悬棺

◎ 麻塘坝远景

◎ 老鹰岩悬棺

◎岩墩式悬棺

◎桩孔和岩画

◎ 洞穴式悬棺

◎ 木桩式悬棺

◎ 可久红岩山段墓群

◎ 壁龛

06

南广河流域崖墓群及石刻

分布于高县罗场镇、可久镇、嘉乐镇等处，现有崖墓120余座，均为明代凿建。墓葬形制有直穴式和横穴式。墓壁刻有人物、花草、动物等图像。现为全国重点文物保护单位。

◎墓门

◎雕刻

◎岩画——狩猎图

◎岩画——舂米图

◎岩画——撑船图

◎ 罗场犀牛沱段墓群

◎墓龛题记

◎骨灰罐

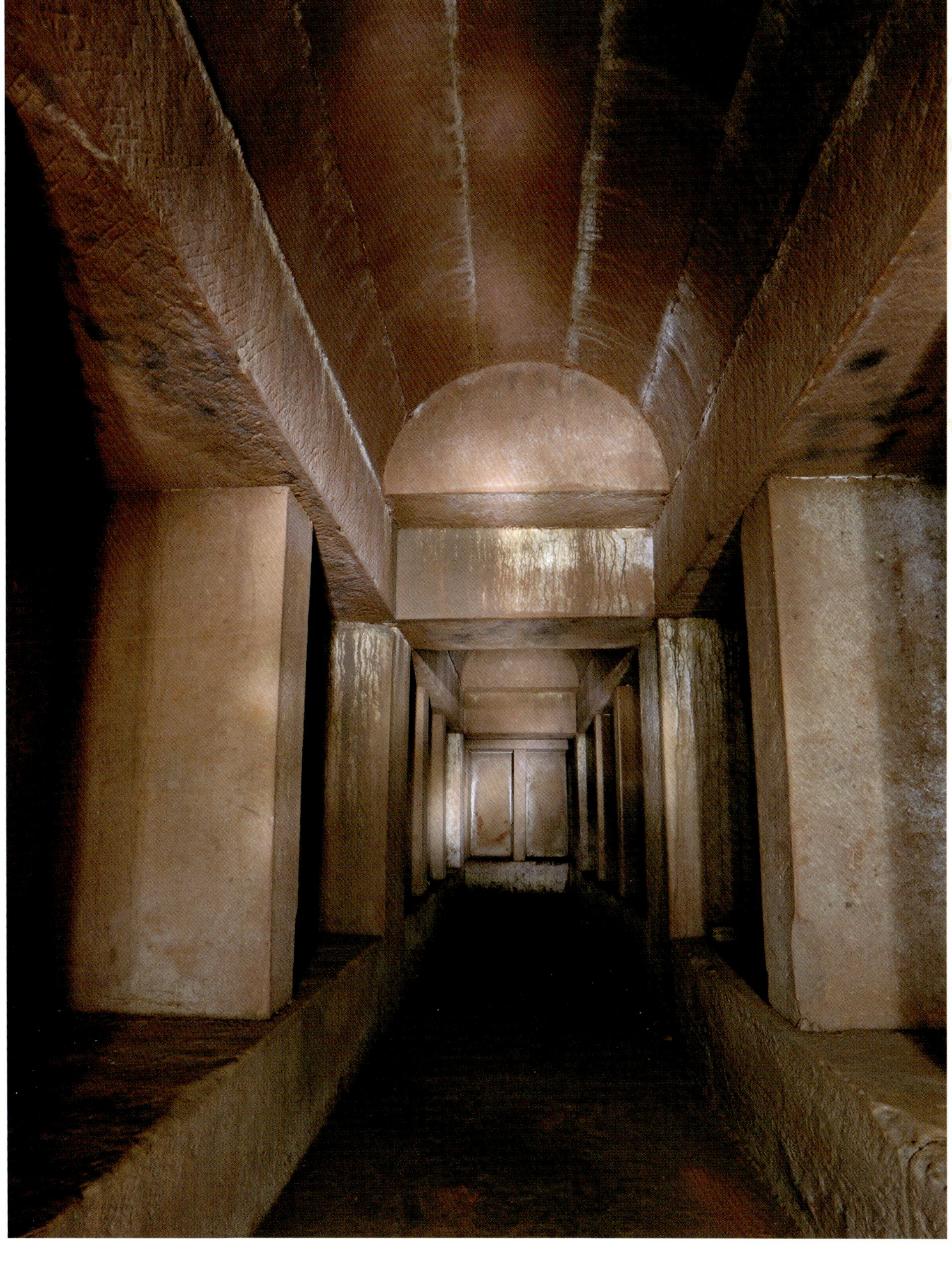

07

隆兴石室墓群

分布在宜宾县隆兴乡大龙村、隆兴村、林石村境内，临越溪河西岸山坡上，共有明代石室墓44座，均为明代僧人墓葬。现为四川省文物保护单位。

08

手把岩悬棺

位于兴文县九丝城镇，明代凿建，分布在青木洞岩东西长100米，南北宽40米的山崖峭壁上，共112座。现为宜宾市文物保护单位。

09

黄峄夫妇墓

位于筠连县蒿坝镇，建于清嘉庆十七年（1812年）。现为宜宾市文物保护单位。

第三部分
P062-173

古建筑

宜宾市境内现存的古建筑有城楼城墙、寺庙宫观、塔刹经幢、祠堂牌坊、书院会馆、古镇民居、店铺作坊、桥涵码头、池塘井泉等。年代由宋代到民国时期，大部分保存完整，各具特色。

◎旧州塔

01

旧州塔

旧州塔也称旧州白塔，北宋大观三年（1109年）修建，位于翠屏区旧州街道，坐北朝南，为十三级密檐式方形砖塔，通高29.5米。现为全国重点文物保护单位。

◎近景

◎斗拱

02

万寿观

原位于屏山县锦屏镇，明代建筑，坐北向南，木结构重檐歇山式顶。现为四川省文物保护单位。因向家坝水电站库区蓄水，已迁移至屏山县书楼镇复建。

◎全景

03

万寿寺

原位于屏山县锦屏镇，明代筑建，坐北向南。现存大雄宝殿、观音殿，木结构重檐歇山式顶，观音殿内保存有明代鎏金壁塑。现为四川省文物保护单位。因向家坝水电站库区蓄水，已搬迁至屏山县书楼镇复建。

◎观音殿藻井

◎ 斗拱

◎ 观音殿壁塑（鎏金）

◎远景

◎象鼻斗拱

04

楞严寺

位于屏山县中都镇，建于明成化二年（1466年），由正殿、前殿、后殿、厢房组成，坐西向东。现为全国重点文物保护单位。

◎ 大雄宝殿

◎ 明代石碑

◎大雄宝殿

05
清凉寺

原位于屏山县锦屏镇，明、清建筑，其中大雄宝殿，建于明成化九年(1473年)。现为四川省文物保护单位。因向家坝水电站库区蓄水，已搬迁至屏山县屏山镇复建。

◎斗拱

06

真武山古建筑群

位于翠屏区真武山上，占地49亩，明万历二年（1574年）始建，后历代皆有增修。现有望江楼、祖师殿、玄祖殿、无量殿、斗姥宫、三府宫、文昌宫等建筑10余座，依山势布局，组成壮观的明、清建筑群。现为全国重点文物保护单位。

◎ 祖师殿

◎ 望江楼

◎南天门

◎玄祖殿斗拱

◎三府宫

◎玄祖殿

◎ 文昌宫

◎ 玉皇殿

◎ 斗姥宫

◎藻井

◎斗拱

07 旋螺殿

位于翠屏区李庄镇北，明万历二十四年（1596年）修建，坐北朝南，系三重檐八角攒尖顶，通高12.5米。原名文昌殿，因殿内斗拱齐向右旋转，形如旋螺故名。现为全国重点文物保护单位。

◎ 近景

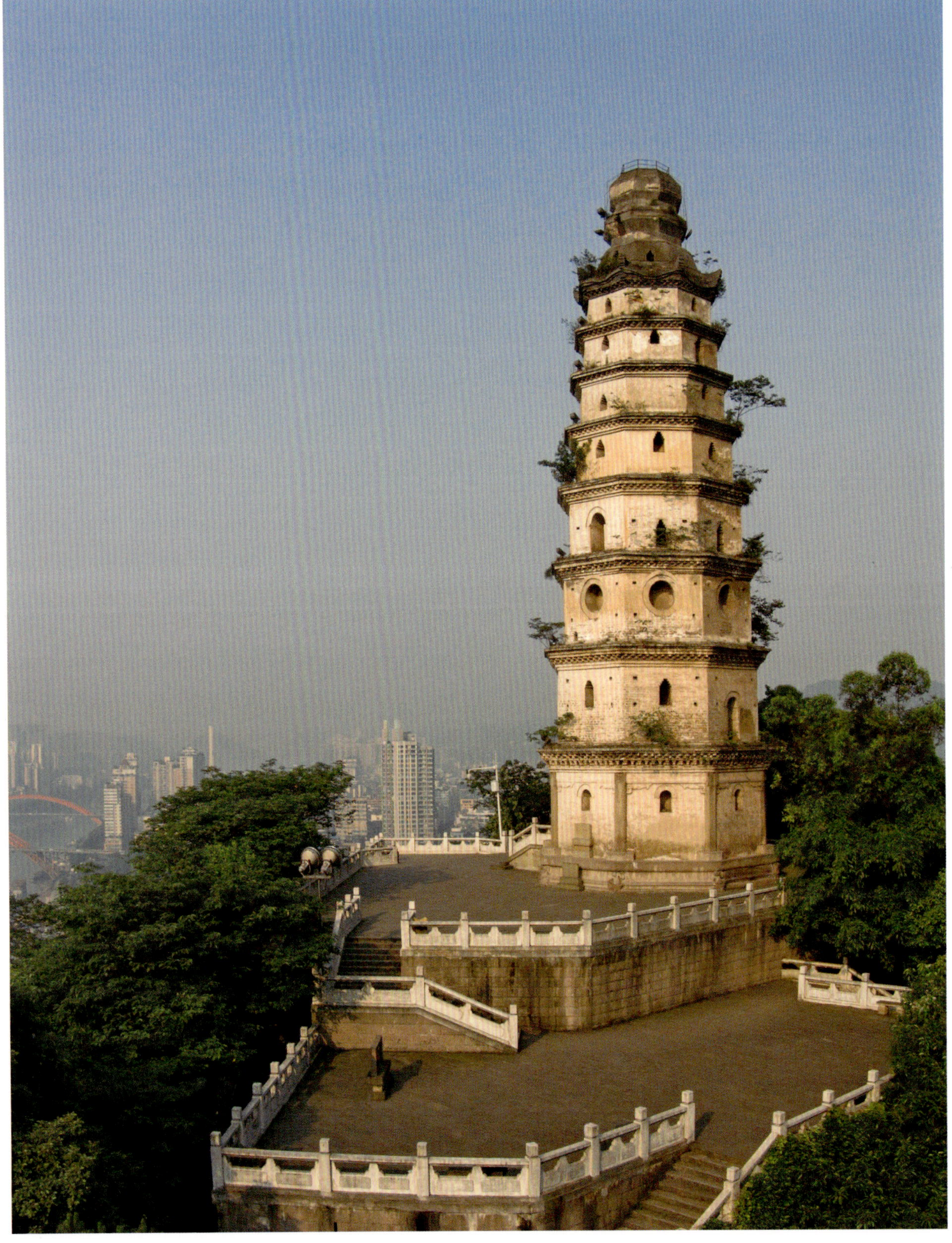

08

东山白塔

位于翠屏区白沙湾东山村，建于明隆庆三年（1569年），八级八边密檐楼阁式砖塔，坐北向南，通高35.8米。现为四川省文物保护单位。

09

七星山黑塔

位于翠屏区南广镇七星村，建于明嘉靖年间（1522 ~ 1566年），七级八边密檐楼阁式砖塔，通高约32米。现为四川省文物保护单位。

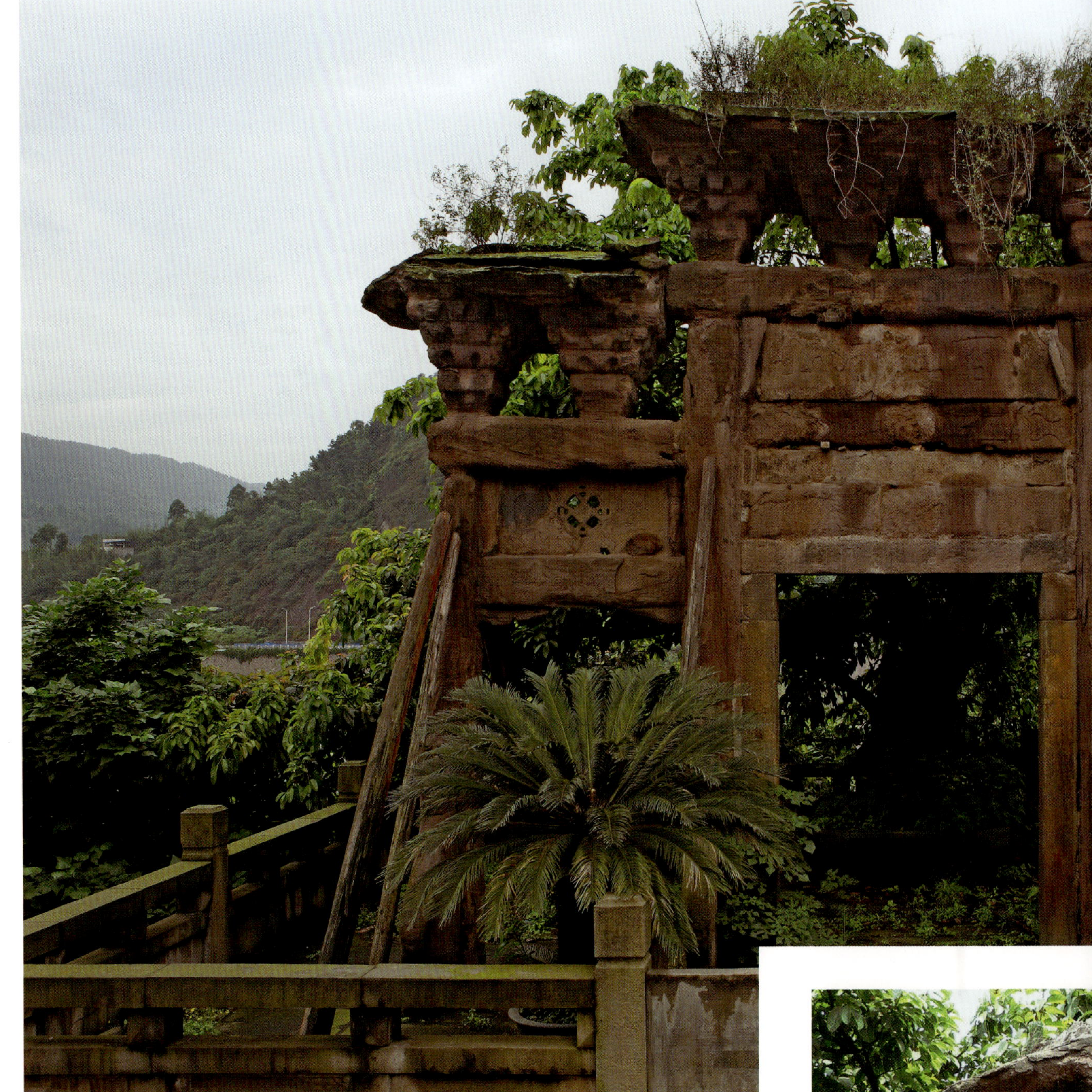

10

百二河山坊

位于翠屏区东城交通街口，建于明崇祯十一年（1638年），坐南向北，临近岷江，四柱三间，平顶。现为宜宾市文物保护单位。

◎局部

全景

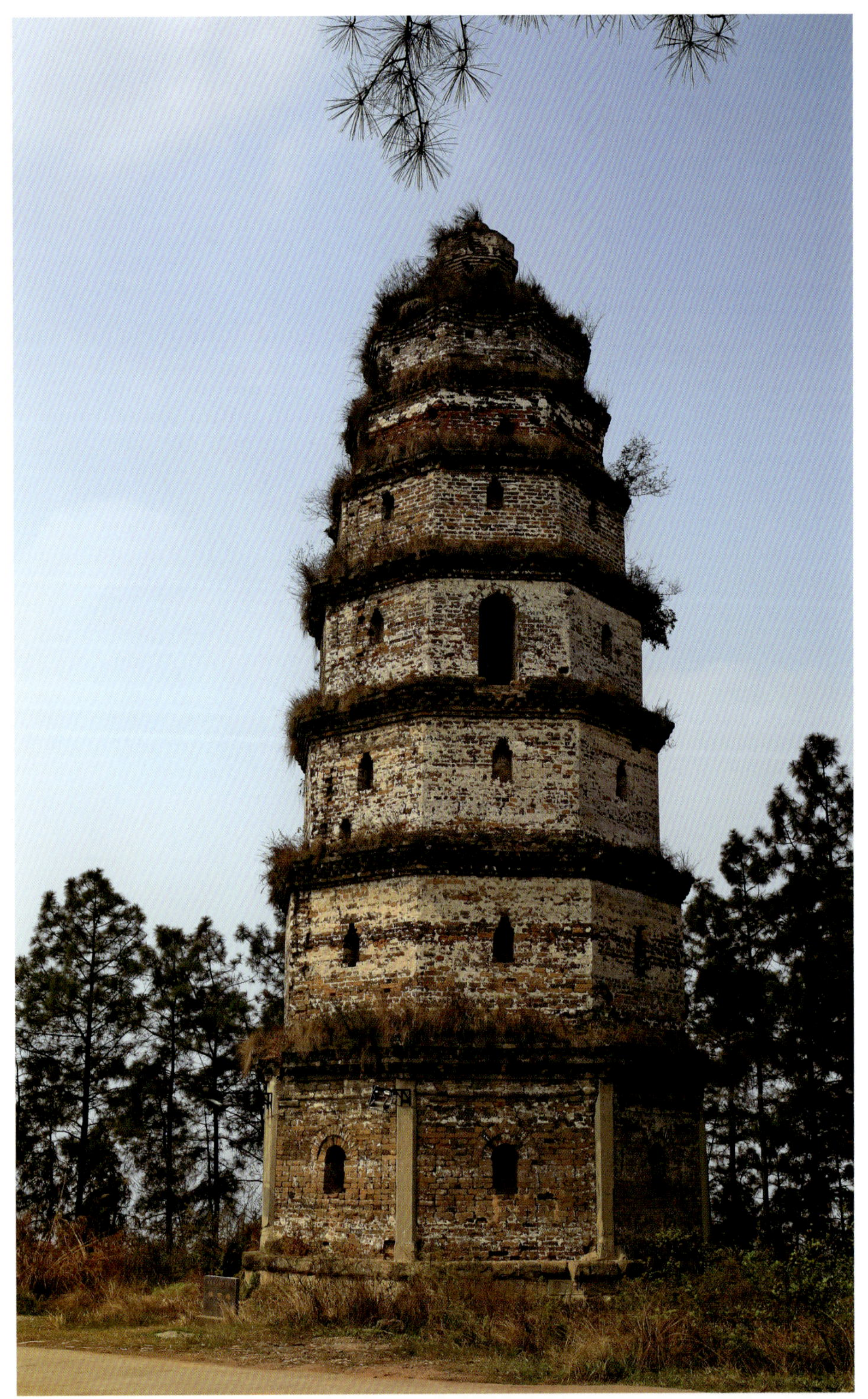

11 镇南塔

位于南溪区江南镇红林村，明代修建，七级八边密檐楼阁式砖塔，通高24米。现为四川省文物保护单位。

12 映南塔

位于南溪区江南镇新塔村，建于明代，密檐式七级八边密檐楼阁式砖塔，通高26.5米。现为四川省文物保护单位。

◎ 全景

◎ 廊道

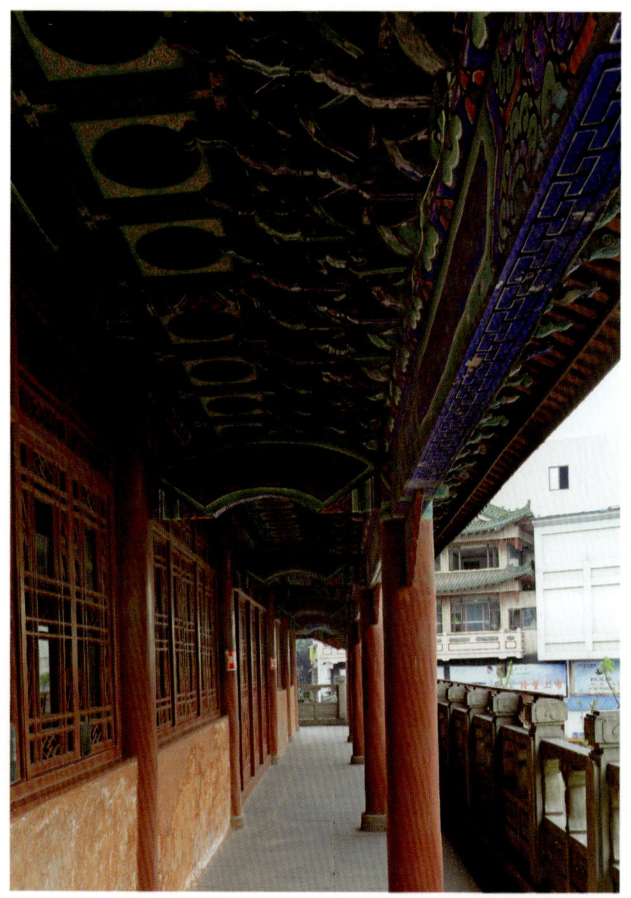

13

宜宾大观楼

位于翠屏区南城西街，原名谯楼，始建于明嘉靖年间，后毁于战火，清乾隆三十年（1765年）重建时，更名为大观楼。坐西向东，通高22.5米。现为全国重点文物保护单位。

◎ 梁架

◎ 翼角

◎文明门

◎广福门

14

南溪城墙

位于南溪区南溪镇长江北岸，明、清建筑。现存“望瀛门”、“文明门”、“广福门”三座城门城楼，城墙全长1109米。现为全国重点文物保护单位。

◎ 望瀛门

◎ 城墙

◎前院

15

夕佳山民居

位于江安县夕佳山镇，明、清传统民居建筑，坐南向北，复合四合院式布局，共有大小院落20多个、房舍百余间，建筑面积5217平方米。现为全国重点文物保护单位。

◎远景

◎前厅

◎ 正厅

◎ 中客厅

◎ 卧室

◎远景

16

珙县北京寺

位于珙县孝儿镇波浪村，建于清代，坐北向南，占地1300平方米，硬山顶穿逗式结构，正殿现存壁画6幅。现为四川省文物保护单位。

◎壁画

◎全景

◎额坊

17
隘口石坊

位于珙县玉和苗族乡，建于清道光二十九年（1849年），石质仿木结构三重檐歇山式顶，四柱三间，通高17米，坊身雕刻各种纹饰、诗文、戏剧故事。现为全国重点文物保护单位。

◎戏剧人物雕刻

◎抱鼓石

◎前殿及钟鼓楼

18

翠屏书院

位于翠屏区翠屏山上，坐北朝南，一进三幢，为典型的清代书院建筑，占地面积5408平方米。现为四川省文物保护单位。

◎ 中殿

◎ 后殿

◎大门

19 李庄禹王宫

位于翠屏区李庄镇同济社区，清道光十一年（1831年）建，坐南朝北，占地面积2200平方米。由山门、戏楼、厢房、正殿、中殿、后殿及四周围墙组成。现为四川省文物保护单位。

◎戏楼及厢房

◎大雄宝殿

◎ 正门

20 龙氏山庄

位于屏山县大乘镇岩门村，清同治二年（1863年）修建，典型的川南庄园式建筑，由四个院落组成，占地面积近万平方米。现为四川省文物保护单位。

◎ 大门两侧雕刻

前院

前院台基两侧雕刻

鼓式雕花石柱础

后院

◎中院

◎撑拱

21

油榨坪祠堂

位于江安县留耕镇新场村，清代建筑，坐西南向东北。现为四川省文物保护单位。

◎ 全景

22
文庙大殿

位于长宁县双河镇，建于清咸丰元年（1851年），坐西北向东南，庑殿重檐抬梁结构，黄琉璃绿剪边瓦，为长宁旧县城文庙仅存建筑。现为四川省文物保护单位。

◎ 撑拱

23

大窝文昌宫

位于高县大窝镇，清咸丰二年（1852年）修建，二进四合院，坐北向南。由山门、石牌坊、奎星楼（戏楼）、厢楼、正殿、过厅、廊道、后殿构成，占地面积3435平方米。现为四川省文物保护单位。

◎远景

◎山墙垂灰泥塑

◎月梁

◎戏楼及厢房

◎戏楼雕刻

24

南溪张家祠堂

位于南溪区南溪镇南门社区，建于清末民初，坐北朝南。现为南溪区文物保护单位。

金角度·台球会所

◎大门

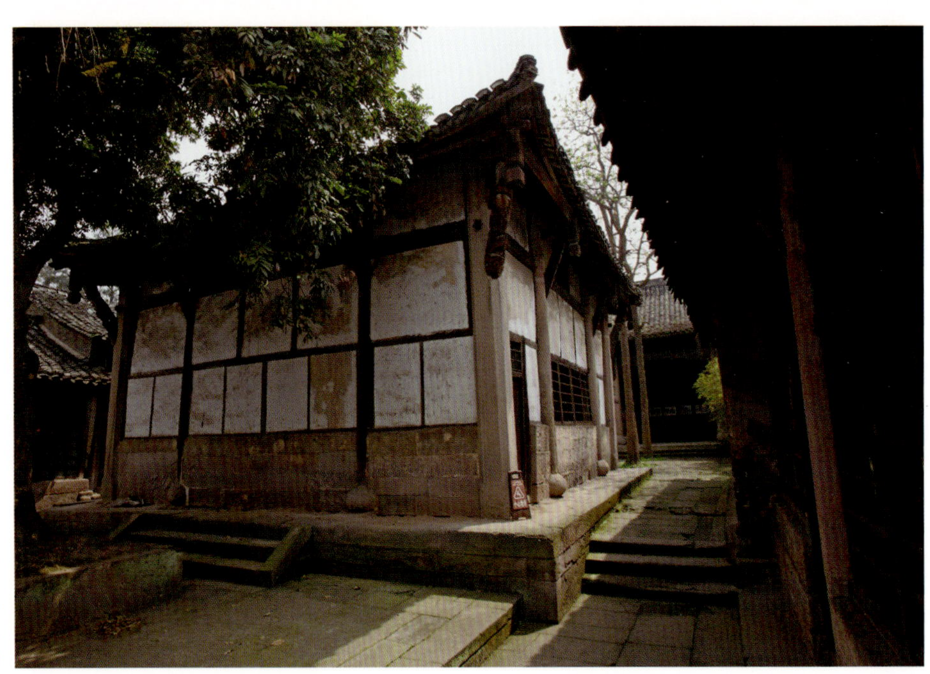

◎玉皇楼

25

李庄东岳庙

位于翠屏区李庄镇同济社区，清道光七年（1827年）重修，坐南朝北，由前、中、后殿、十二殿、玉皇殿和厢房组成的复合院落，占地3046平方米。抗战时期同济大学工学院曾迁驻此地6年。现为四川省文物保护单位。

◎前殿

◎中殿

◎大门

26 李庄张家祠

位于翠屏区李庄镇同济社区，建于清道光十九年（1839年），坐南朝北，占地面积约4000平方米，分为前殿、中殿、后殿。抗战时期中央博物院曾迁驻此地6年。现辟为“中国李庄抗战文化陈列馆”。现为四川省文物保护单位。

◎ 雕花木门及百鹤窗

◎ 后殿

27
凌云关

又名御风亭，位于高县裕峰村和筠连县犀牛村交界处，清代修建，坐西南向东北，是清代所设的官方税卡之一。现为四川省文物保护单位。

28

狮子桥

原位于屏山县锦屏镇附城村，建于明代，南北走向，为两墩三孔石质平板桥，两侧栏杆有石狮相望，桥长17.3米。现为屏山县文物保护单位。因向家坝水电站库区蓄水，已搬迁至屏山县书楼镇复建。

◎远景

◎局部

29

筠连万寿桥

位于筠连县筠连镇中城社区，始建于明代，跨于定水河上，为石板二十二分（孔）水平板桥，长58米。现为宜宾市文物保护单位。因城区改造，河道蓄水，现淹没于水下。

30 古宋万寿桥

位于兴文县古宋镇万寿场社区，建于清光绪元年（1875年），石质单孔券式拱桥，长35.5米。现为宜宾市文物保护单位。

31

棂星门石坊

位于兴文县九丝城镇龙泉村，建于清乾隆二十六年（1761年），坐北朝南，石质结构，四柱三门，通高6.26米。现为宜宾市文物保护单位。

◎全景

32

双垂节孝坊

位于兴文县莲花镇观音寺社区，建于清嘉庆十六年（1811年），坐东朝西，石质仿木结构，重檐歇山式顶，四柱三门，通高9.6米。现为宜宾市文物保护单位。

◎抱鼓石

◎戏剧人物雕刻

33
会贤节孝牌坊

位于长宁县梅白乡会贤村，建于清嘉庆六年（1801年），坐西北向东南，重檐歇山式顶，四柱三间，高5.58米。现为长宁县文物保护单位。

34

旌表节孝总坊

位于高县庆符镇庆山社区，建于清咸丰元年（1851年）。重檐歇山式顶，四柱三间，坐东向西，通高8.5米。现为高县文物保护单位。

◎锁江桥

35

锁江桥牌坊

位于高县沙河镇高屋村，建于清同治四年（1865年）。重檐歇山式顶，通高3.8米。现为高县文物保护单位。

◎牌坊

36

赵氏节孝牌坊

位于翠屏区赵场街道芝麻村，建于清道光乙未年（1835年），四柱三间，重檐歇山顶，高8米。

◎ 额枋

◎全景

◎额枋

◎全景

37
百岁坊

位于翠屏区赵场街道幸福村，建于清同治十年（1871年），重檐歇山顶，四柱三间，高7.8米。

◎全景

◎额坊

38
薛郭氏牌坊

位于翠屏区赵场街道芝麻村，修建于清光绪二十七年（1901年），重檐歇山顶，四柱三间，高约8米。现为翠屏区文物保护单位。

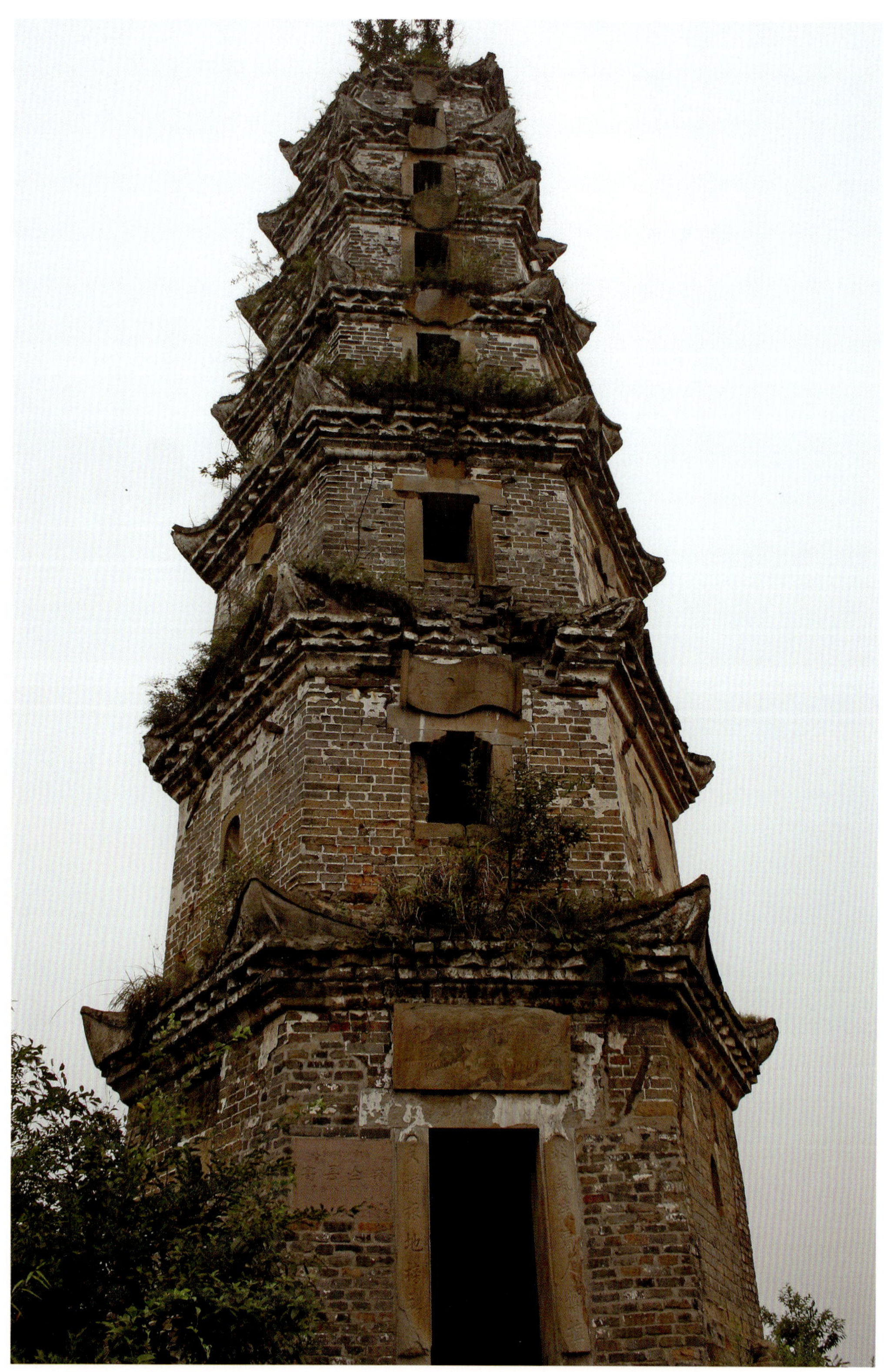

39

高县文峰塔

位于高县文江镇，建于清道光元年（1821年），七级密檐楼阁式砖塔，坐北向南，通高32米。现为高县文物保护单位。

40

罗场白塔

位于高县罗场镇永兴村，建于清道光十三年（1833年），七级密檐楼阁式砖塔，通高23米。现为高县文物保护单位。

◎ 塔身雕刻

◎ 基座雕刻

41
筠连文峰塔

位于筠连县腾达镇，建于清代，坐西北向东南，七级密檐楼阁式石塔，通高9米。现为宜宾市文物保护单位。

◎ 全景

◎ 远景

◎ 庭院

◎ 正门

42
高岭民居

位于高县可久镇高岭村，清代建筑，占地面积约3800平方米，四合院布局，由山门、前花园、门厅、正房、东西耳房、后花园等部分组成。现为宜宾市文物保护单位。

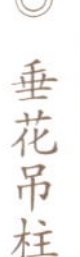

◎ 垂花吊柱

◎ 远景

◎ 瓦面装饰

43

鹿鸣王家大院

位于江安县仁和乡鹿鸣村，建于清代，三合院落，坐西向东。现为江安县文物保护单位。

◎花格窗

◎前院

◎大天井

44 麦天官府

位于翠屏区李庄镇长虹村，建于清代，为复式四合院式布局，坐南朝北，占地1500平方米。现为翠屏区文物保护单位。

◎ 小天井

◎ 牌楼

45

云南会馆

位于翠屏区走马街，为清末寓居宜宾的滇籍商人修建，现存牌楼、戏楼、裙楼、文星楼、书楼。现为宜宾市文物保护单位。

滇南館
載寶故鄉來如披滇海虞衡志
金精
浪涌三江韻玉

◎ 大门雕刻

◎ 大门雕刻局部

◎戏楼及厢房雕刻

◎戏楼

◎撑拱

◎ 垂花吊柱

◎ 雀替

◎街道

46

冠英街民居

位于翠屏区南城，清末民初修建，石板街道，两侧建有20多座大小不同的四合院落。现为宜宾市文物保护单位。

◎围墙

◎刘家大院大门及题字

◎ 古镇全貌

47

李庄古镇

位于翠屏区李庄镇，镇内现仍保存原有的风貌布局，石板街道两旁多为清代至民国时期修建的商铺店面、民居院落，比较有名的如羊街、席子巷、胡家大院等。抗战时期，中国营造学社、中央研究院、同济大学等一批国内重要学术机构曾迁址于此。现为中国历史文化名镇。

◎ 羊街栅门

◎ 羊街

◎ 席子巷

◎ 胡家院子

◎ 文昌宫山门

◎ 双眼井

◎ 古镇全貌

◎ 水井街

48
南广古镇

位于翠屏区南广河汇入长江处，现存建筑为清末民初修建。南广是古代宜宾水陆通滇必经要冲，现保存有依山而建的三条古街、房舍院落、沿河两岸码头、石刻、水文标识等。

◎ 顺江街石梯道

49

龙华古镇

位于屏山县龙华镇。宋代始建，明、清形成规模，现存的街道、民居、院落，仍保持原有的布局、风貌及其特点。此外，还有廊桥、禹王宫、都司衙门等。现为中国历史文化名镇。

◎桥头

◎城门

◎石梯道

◎ 街道

◎古镇全貌

◎丙昌祥商号

50 横江古镇

位于宜宾县横江镇，镇临横江而建，隔河与云南地界相望。现存建筑多为清至民国时期修建的街道、民居、院落、商铺等，基本保存了原来的布局。现为中国历史文化名镇。

◎天井

◎周家院子

◎街道

◎建筑

51

老翁古镇

位于长宁县老翁镇，始建于清末，民国初期形成规模。现存建筑，均为悬山穿斗结构，竹骨篱笆墙，沿石板街道两侧修建，基本保存现有的风貌于布局。

◎小巷

酒都瑰寶
宜宾市不可移动文物精粹
第四部分
P174-193
石窟寺
及石刻题记
分布于宜宾市境内的石窟寺及石刻题记，题材多样。自唐代以后，历代均有，各具时代特色。

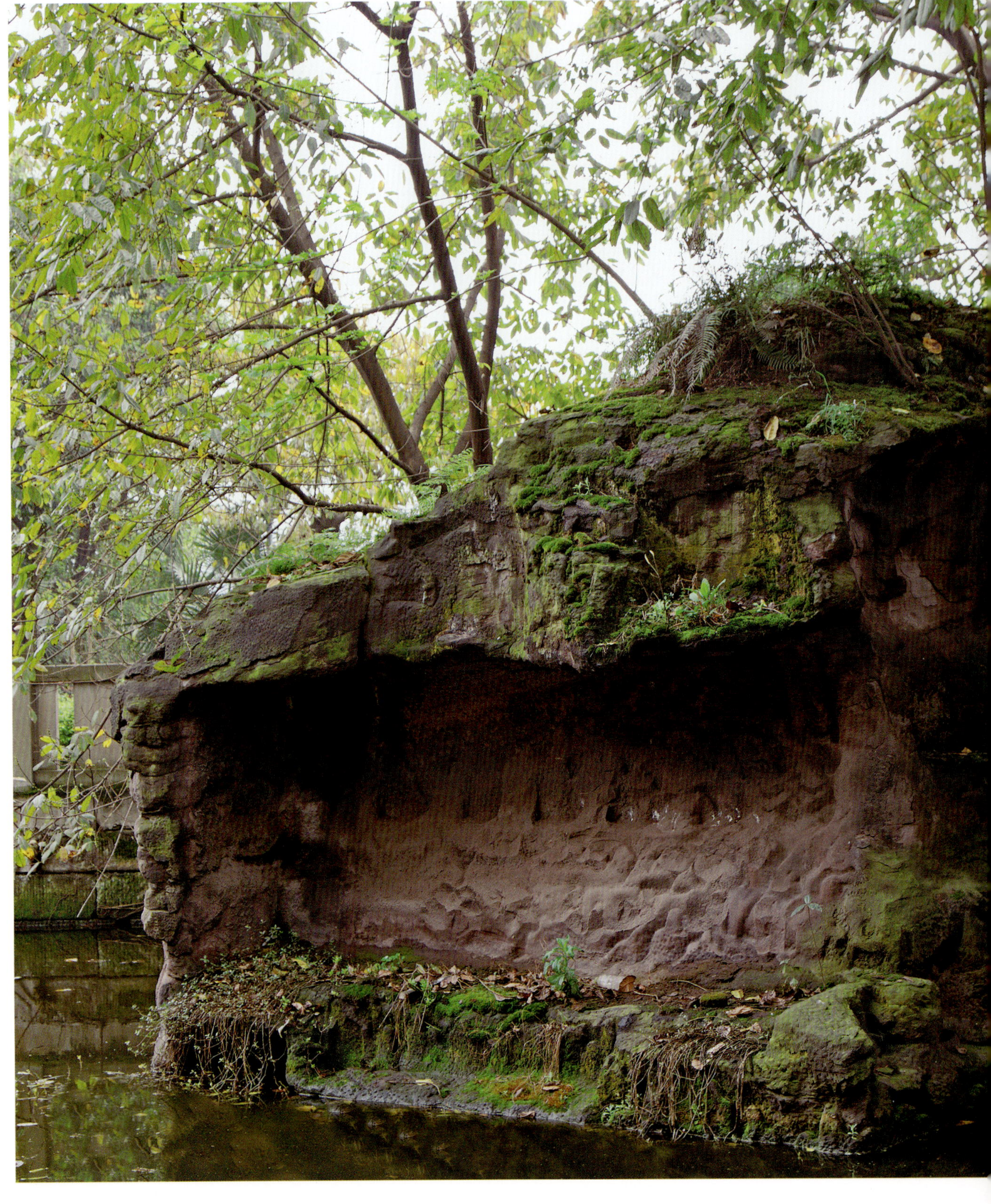

01

花台寺石刻造像

位于翠屏区大南街。花台寺建于唐代，寺已毁，现存石刻八龛。现为宜宾市文物保护单位。

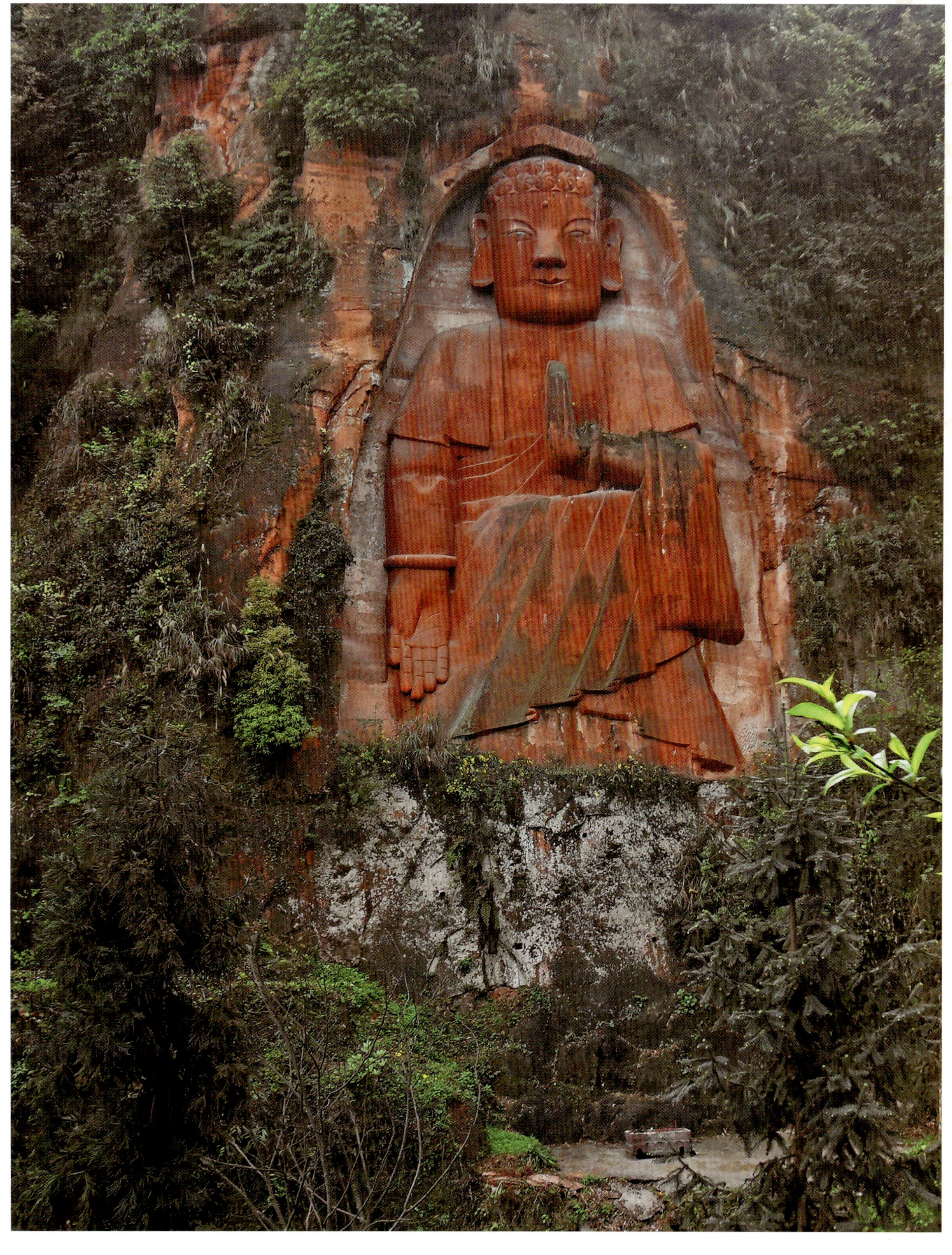

02
丹霞洞摩崖造像及石刻

位于屏山县龙华镇，明、清石刻造像，其中一尊摩崖接引佛立像，通高30余米。现为四川省文物保护单位。

◎ 全景

03

流杯池及其石刻题记

位于翠屏区流杯池公园内。流杯池为北宋诗人黄庭坚谪居宜宾时所凿，效王羲之“曲水流觞”之举而为之。池两侧石壁刻有自宋以来历代题记250多幅。现为四川省文物保护单位。

◎ 宋代题记

◎ 元代题记

◎明代题记

◎ 流杯池

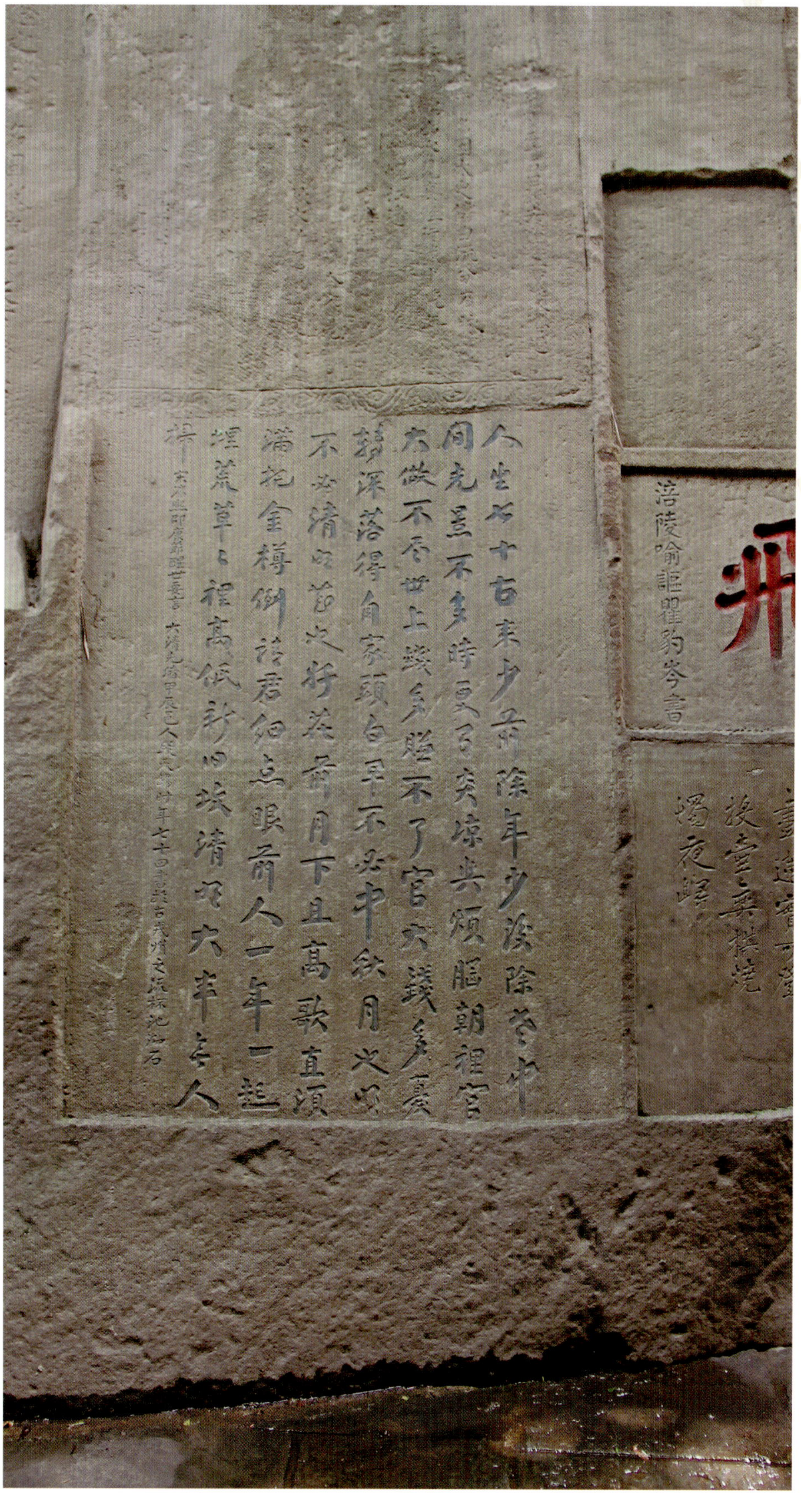

◎ 清代题记

04

仙寓洞石窟

位于长宁县“蜀南竹海”，在长约400米的天然岩壁内，刻有宋至清代佛像40多尊。现为四川省文物保护单位。

◎ 全景

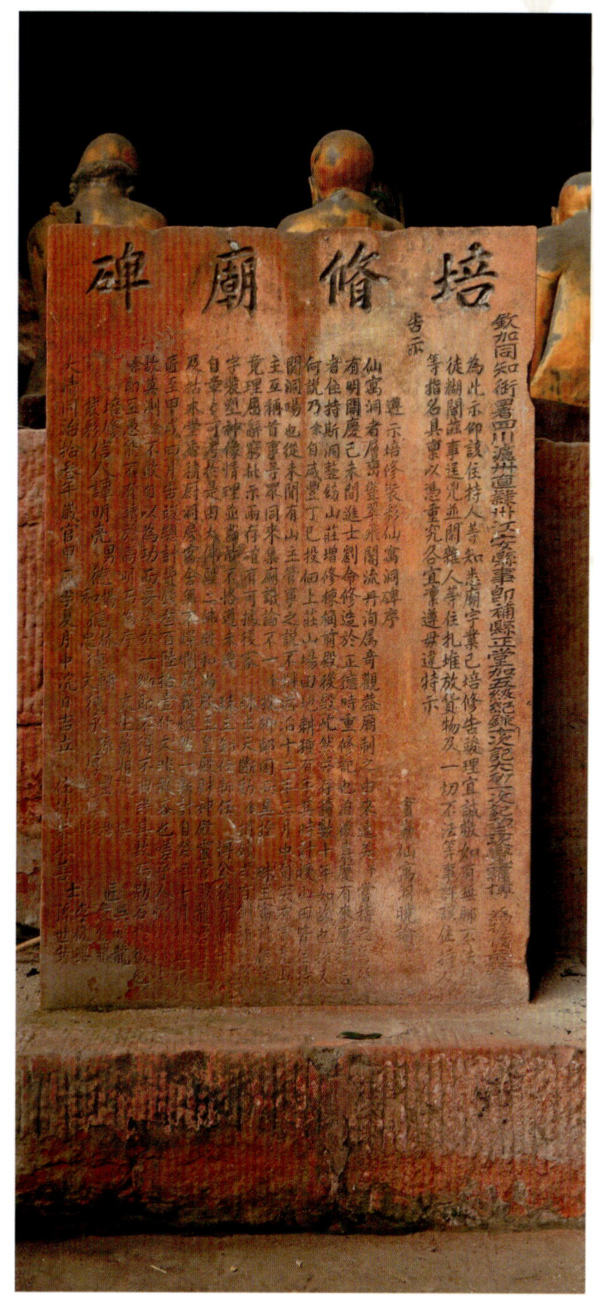

◎ 清同治年间培修石碑

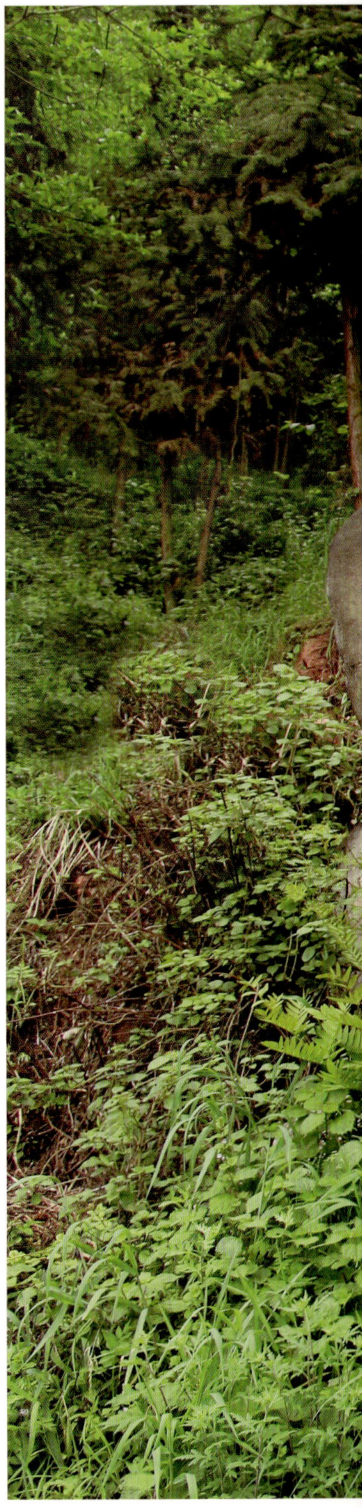

05

九丝山石刻题记

位于兴文县九丝城镇九丝村，为明王朝征剿当地少数民族“都掌蛮”记功题刻，现保存完整。现为宜宾市文物保护单位。

06

西关口石刻

位于兴文县九丝城镇九丝村，为明王朝征剿当地少数民族“都掌蛮”记功题刻，现保存完整。现为宜宾市文物保护单位。

07
建武明代碑刻

位于兴文县九丝城镇龙泉村，共5通，分别为《功宗小记》碑、《平蛮碑记》碑、《蛮碑记》碑、《平蛮颂》碑、《戎平行 并序碑》。碑体保存完整，内容皆系记录明代万历元年（1573年）明王朝征剿当地少数民族“都掌蛮”经过。现为宜宾市文物保护单位。

石碑

◎
石碑

◎神龛及神像

08

可久半边寺摩崖造像

位于高县可久镇，为清代摩崖造像。共有5龛，造像17尊。现为宜宾市文物保护单位。

◎全貌

◎全景

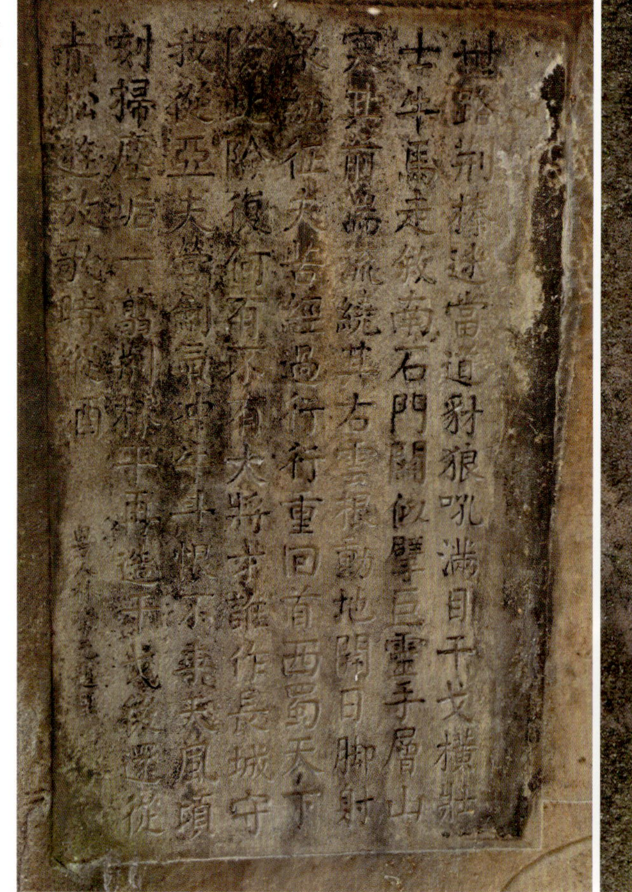

◎题记

09
石门公社石刻题刻

位于高县庆符镇丛木村，刻有明、清时期题记共12龛。现为高县文物保护单位。

◎题记

10

白利村石刻倒牌坊

位于临港区沙坪镇白利村，建于清嘉庆十六年（1811年），因牌坊刻于崖壁，呈倒斜状而得名。

酒都瑰寶

宜宾市不可移动文物精粹

第五部分

P194-221

近现代重要史迹及代表性建筑

宜宾市境内有一批革命烈士墓、名人故居、纪念性建筑和近现代重要史迹，它们具有鲜明的时代特征和重要的革命纪念意义。

01

李硕勋故居

李硕勋（1903 ~ 1931年）是我党早期著名革命活动家，其故居位于高县庆符镇，为川南民居建筑。保存有李硕勋生前的居室、书房、卧室等共11间。现为四川省文物保护单位。

02

阳翰笙故居

位于高县罗场镇，建于清代，三合院落，坐北向南，由院坝、正房、后花园组成。阳翰笙（1902 ~ 1993年）为我国著名编剧、戏剧家、作家，中国新文化运动的先驱者之一。故居内完整地保留了当年阳翰笙的居室、堂屋、书房等共11间。现为四川省文物保护单位。

03

赵一曼故居

位于宜宾县白花镇赵一曼村。赵一曼烈士（1905 ~ 1936年）是我国著名的民族抗日英雄，此故居是赵一曼的出生地和少年时代的居住地，现存后堂房屋3间。现为四川省文物保护单位。

◎正房

◎远景

◎前院

◎梁思成办公室

04 中国营造学社旧址

位于翠屏区李庄镇，四合院民居建筑，为抗战时期中国营造学社迁驻李庄六年的地点。现为全国重点文物保护单位。

◎莫宗江、刘敦桢、罗哲文等人工作室

◎ 全貌

◎ 前门

05
中央研究院旧址

位于翠屏区李庄镇永胜村，又名栗峰山庄。由多个四合院组成的庄园式建筑群，1940 ~ 1946年中央研究院历史语言研究所迁驻于此。现为四川省文物保护单位。

◎侧门

◎大门

◎庭院

06

国立戏剧专科学校旧址

位于江安县江安镇，原是清代文庙的一部分。1939 ~ 1945年国立戏剧专科学校迁此办学，为培育中国戏剧人才和抗日救亡运动作出了重大的贡献。现为四川省文物保护单位。

大门

砖上铭文

07

玄义玫瑰教堂

位于翠屏区白沙湾街道火花社区，亦称玫瑰书院，建于清代（1895年），现存山门、前堂、两侧厢房、牌坊、后堂、耳房、碉楼，以砖石围墙组合成四合院，坐西北向东南，占地面积3300平方米。现为四川省文物保护单位。

◎ 侧院

◎ 前院

08
沐爱县衙旧址

位于筠连县沐爱镇荷花社区，占地面积5380平方米，修建于民国三十一年（1942年），为当时沐爱县衙署。现为四川省文物保护单位。

◎ 全景

◎ 大门

09
朱家民居

位于宜宾县横江镇，建于1933年，是朱光德（1882 ~ 1969年）、朱大文（1909 ~ 1982年）父子曾居住的地方。建筑面积1337平方米，坐西向东，现存图书楼、碉楼、前堂、后堂、左右厢房及围墙。现为四川省文物保护单位。

◎庭院

◎廊道

◎ 天井

◎ 碉楼

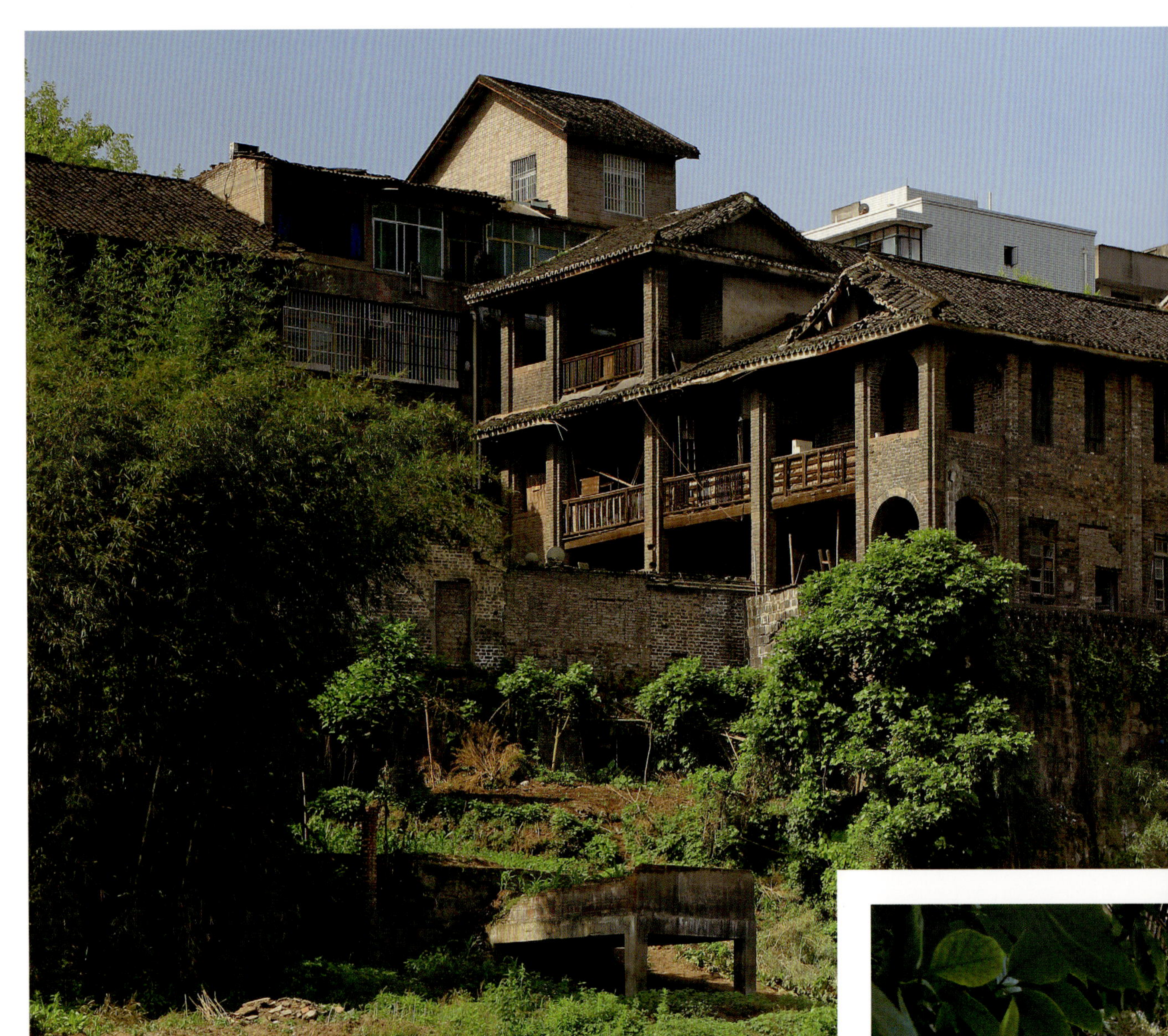

◎ 大门

10

肖公馆

位于宜宾县横江镇，建于民国十三年（1924年），为肖席珍（1864 ~ 1946年）所建的西式别墅，肖席珍曾任筠连县、屏山县县长及金、关两河清乡司令。现为四川省文物保护单位。

◎ 全景

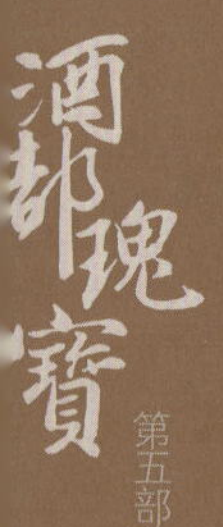

廊道

◎ 楼梯

◎天井

11

兴文县委旧址

位于兴文县僰王山镇，建于1952年，一楼一底砖木结构，坐西南向东北，建筑面积413平方米，20世纪50～70年代为兴文县委办公楼。现为四川省文物保护单位。

兴文县僰王山镇人民政府
兴文县僰王山镇人大主席团
僰王山

12

李罗泉大堰

1974年修建，贯穿宜宾县永兴镇新成村、高寺村、王庙村，全长约1万米，有三个提灌站、五个渡槽桥、两条渠道，是人民公社时期当地村民集体修建的大型农田灌溉设施。现为宜宾市文物保护单位。

13
宜宾岷江铁路大桥

位于翠屏区城北，横跨岷江，又名“宜宾内昆铁路大桥”。建于1958年，全长364米，桥面宽4.85米，为五墩四孔厢式大型钢架桥。桥梁修建前期为前苏联援建项目，因苏联专家撤离，后由我国自行修建完成。

后记 Postscript

◎《酒都瑰宝——宜宾市不可移动文物精粹》图录，是宜宾市博物院编著的酒都宜宾文物系列书籍之一。《酒都藏宝——宜宾馆藏文物集萃》、《酒都文物——宜宾市第三次全国文物普查成果集成》两书，已分别于2012年4月、2013年11月由文物出版社出版。

◎《酒都瑰宝——宜宾市不可移动文物精粹》所收录的文物，是从宜宾市所辖的10区县现存的6000多处文物中，按其类别挑选的。它们中既有在文物考古领域有重要地位者，又有在各自门类中占有重要一席位置者，或在当地有一定影响作用者和地方特色者。当然，同时也考虑了文物本身相应的视觉效果。我们希望，这批选入图录的文物，能够在一定程度上，从各个方面反映出宜宾各个历史时期的一些基本情况，使大家对宜宾的历史有大致的了解。

◎《酒都瑰宝——宜宾市不可移动文物精粹》在编辑过程中得到了各区县文广局、文管所同仁的大力支持，这里向他们表示诚挚的感谢!

◎ 由于编者学识有限，缺点和不足之处在所难免，敬请批评指正。

编　者

2015年3月